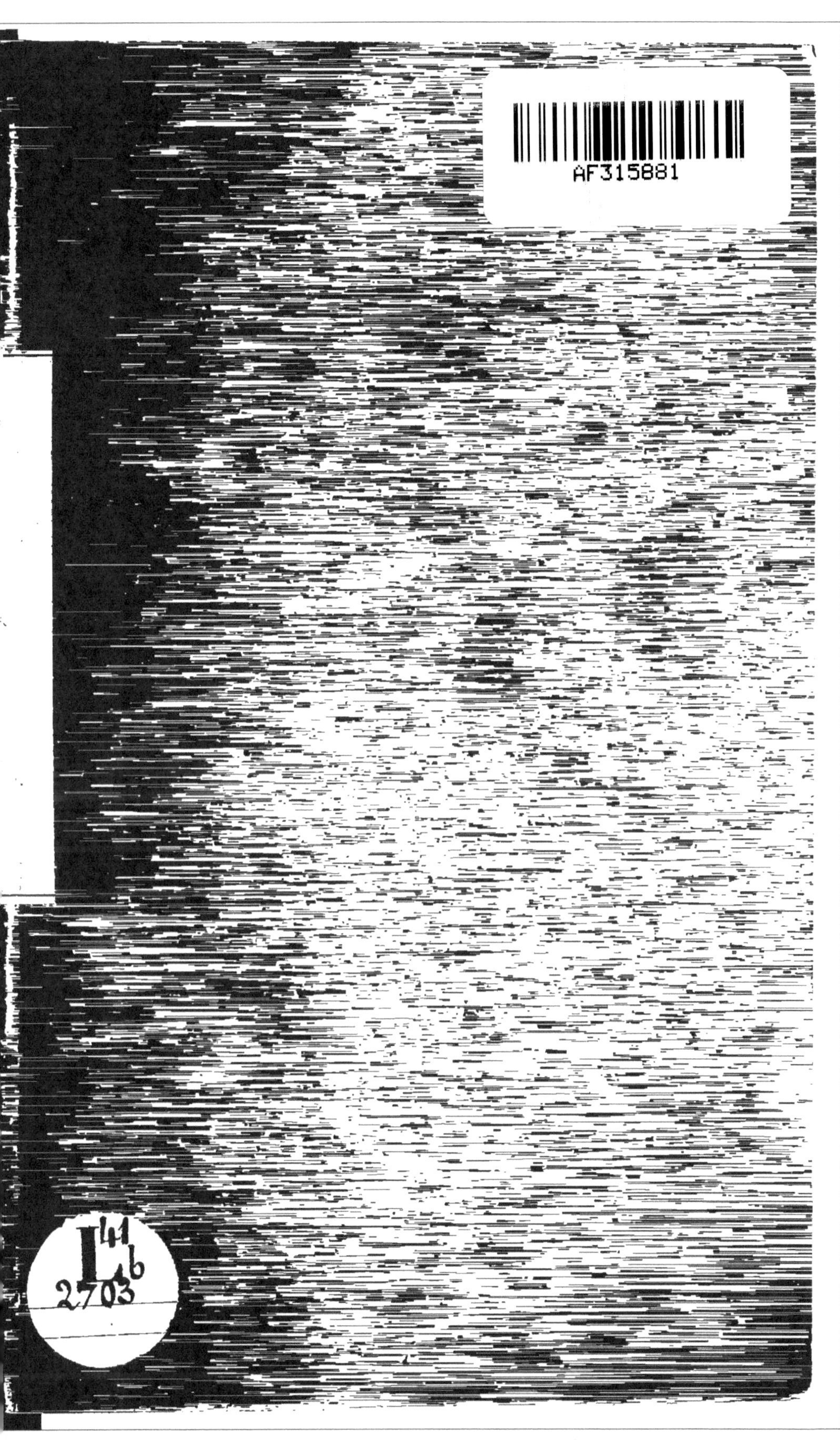
AF315881

INSCRIPTIONS

COMPOSÉES

PAR FEU M. L'ABBÉ SACCHETTI,

Sur la mort de Louis XVI, et pour le tombeau
de S. M. Madame CLOTHILDE de France,
Reine de Sardaigne;

TRANSCRITES A SUZE,

PAR A. L. MILLIN,

Chevalier de l'Ordre royal de la Légion d'honneur,
Membre de l'Institut royal dans l'Académie des
Inscriptions et Belles-Lettres, et Conservateur du
Cabinet des Médailles de S. M. le Roi de France.

PARIS,

CHEZ WASSERMANN, LIBRAIRE,

Rue de Richelieu, n.° 54.

IMPRIMERIE DE J. B. SAJOU, RUE DE LA HARPE, N.° 11.

1816.

Extrait du Magasin Encyclopédique, Numéro
de Février 1816.

INSCRIPTIONS

SUR

LA MORT DE LOUIS XVI,

Et pour le tombeau de Sa Majesté Madame CLOTHILDE *de France, Reine de Sardaigne.*

LORSQUE j'ai été en Italie dans l'année 1811, je me suis arrêté plusieurs jours à Suze, pour examiner quelques monumens antiques et du moyen âge qui sont dans cette ville ou dans ses environs. J'ai eu l'occasion d'y connoître un vieil ecclésiastique que la mort a enlevé depuis. Il avoit beaucoup d'aménité, d'érudition, et il possédoit parfaitement l'histoire de son pays et surtout celle de son église, où il remplissoit l'office de chanoine. Ce respectable prêtre, appelé *Sacchetti*, a composé, sur cette église, un ouvrage (1) qui

(1) *Cesare* SACCHETTI *Memorie della Chiesa di Susa.* Torino, 1788, 4.°.

contient des notices très-curieuses, et qui prouve de profondes connoissances dans la science des antiquités sacrées et profanes, et principalement celle des inscriptions. C'est lui qui a fait réunir, sous les portiques du cloître de l'ancien séminaire, toutes celles qui ont été découvertes dans le territoire de Suze. Elles sont rangées selon la méthode adoptée par les Antiquaires, et il a eu soin de faire peindre celles que le temps a détruites, ou que l'insouciance a laissé perdre. M. Sacchetti a publié presque toutes ces inscriptions dans l'ouvrage dont j'ai parlé; je n'en ai trouvé qu'un très-petit nombre qui lui fussent échappées, elles offrent peu d'intérêt, et ne méritent pas d'être rapportées.

M. l'abbé Sacchetti ne bornoit pas ses talens à savoir expliquer les inscriptions antiques; il avoit puisé, dans leur étude, l'habitude des formules du style lapidaire, et elles lui étoient si familières, qu'on avoit recours à lui toutes les fois que l'on vouloit célébrer dans Suze quelque événement par des monumens durables et même temporaires, tels que les arcs de triomphe peints qu'on élève pour des fêtes publiques, ou à l'occasion du passage des Princes.

L'usage du style lapidaire est plus commun en Italie que dans le reste de l'Europe, et les

Piémontais se sont distingués dans ce genre de composition. Le Recueil des Inscriptions d'Emmanuele Tesoro forme un volume in-folio (1): toutes, il est vrai, ne sont pas dignes d'être approuvées. Celles de l'abbé Guido Ferrari ont été réunies en trois volumes in-8.° (2); elles jouissent d'une réputation méritée, et le célèbre Ant. Morcelli en cite plusieurs avec de grands éloges dans son beau Traité sur le Style des Inscriptions (3). Aujourd'hui M. Vernazza, qui a enrichi l'histoire et la littérature de tant d'écrits agréables et utiles, s'est aussi fait remarquer par les inscriptions qu'il a composées dans toutes les occasions importantes. Celles qu'il a données en dernier lieu pour les funérailles de l'illustre abbé Valperga de Caluso, et qui ont été insérées dans le *Magasin Encyclopédique* (4), prouvent que ce genre de littérature est cultivé avec succès dans le Piémont. Il est à désirer que le recueil des inscriptions composées par ce savant soit aussi publié.

Parmi les inscriptions que Monsieur l'abbé Sacchetti avoit faites, j'en ai copié deux

(1) *D. Emmanuelis* THESAURI *Inscriptiones.* Taurini, 1680, fol. editio quinta.

(2) *Guid.* FERRARI *Inscriptiones*, 8 vol.

(3) *De Stilo Inscript. latinar.* Lib. III.

(4) Ann. 1815, t. 3, p. 155.

qui m'intéressoient davantage, parce qu'elles étoient relatives à la France, et à une époque aussi touchante que malheureuse de son histoire. Ne pouvant en faire usage dans la relation de mon Voyage en Italie, je les ai consignées dans le *Magasin Encyclopédique* (1), afin qu'elles ne soient point perdues; leur objet et leur mérite les rendent dignes d'être conservées.

La première n'a été inscrite sur aucun monument public; elle a seulement été placée temporairement dans l'église de Suze, à l'époque du désastreux événement qui en fait le sujet, de la mort de Louis XVI. Aujourd'hui qu'il est question d'élever, à ce Prince vertueux, un monument, plusieurs personnes proposent des inscriptions pour y être placées, et les Journaux en ont produit quelques-unes. J'indiquerai entre autres celle de M. de Puymaurin, membre de l'ancienne Académie de Toulouse, et qui a enrichi les Mémoires de cette Société de quelques dissertations sur diverses questions d'antiquités. Je crois devoir, à la mémoire de M. l'abbé Sacchetti, de publier celle qu'il avoit composée. Peut-être sera - t - elle copiée dans quelque temple? peut-être fournira-t-elle quelque idée heureuse à ceux qui s'exercent sur un si noble sujet?

(1) Février 1816.

L'autre inscription existe à présent à Naples, dans la chapelle du Calvaire de l'église Sainte-Catherine, où les restes de la Princesse Clothilde, sœur de notre Roi, ont un monument très-simple, que la douleur de son illustre époux, Charles Emmanuel IV, Roi de Sardaigne, lui a élevé. Cette Princesse étoit adorée dans ses États : j'ai été témoin, plusieurs fois, des regrets que les hommes les plus distingués dans les lettres et dans l'administration donnent à sa perte, et de la vénération avec laquelle ils parlent de ses vertus. On peut lire, en regard de cette page, l'inscription dans laquelle M. l'abbé Sacchetti a cherché à réunir ces divers sentimens.

LUDOVICUS. XVI. BORBONIUS. AUGUSTUS.

PRINCEPS. INDOLE. LENIS. BENIGNISSIMUS. INTEGER. VITÆ. MORUM. INNOCENS.

CULTOR. PIETATIS. TUTOR. CASTISSIMUS. AVITÆ. RELIGIONIS. PROPUGNATOR. LEGUM. SACRARUM.

LICENTIÆ. OSOR. IMPIETATIS. HOSTIS. ARTIUM. SCIENTIARUM. COMMERCII. FAUTOR.

AULÆ. DELICIIS. NUMQUAM. ABSTRACTUS. INVICTUS. A. VOLUPTATIBUS. DOMITOR. CUPIDITATUM.

IMPERIO. ADMINISTRATO. ANNOS. XIX. HOC. SEMPER. HABUIT. MAGNIFICUM. ET. DULCE.

PRODESSE. MISERIS. DUM. FATA. SINEBANT.

VIRTUTES. A. PARENTIBUS. PIISSIMIS. INSITAS. RECTI. CULTU. PROMOVIT.

IN. REBUS. PROSPERIS. ARDUIS. ROBORAVIT. IN. EXTREMIS. RELIGIONE. MINISTRA.

AD. MIRACLUM. AUXIT.

IMMOTAM. MENTEM. PECTORE. SUB. ALTO. FERENS.

PER. OMNEM. VITAM. SIBI. PAR. JAM. JAM. MORITURUS. SE. MAJOR. EFFECTUS.

UXOREM. LIBEROS. SOROREM. INANEFACTOS.

SECURUS. SUI. ALLOQUITUR. ERIGIT. SOLATUR. IN. AMORIS. PIGNUS. SUPREMUM.

VERBIS. NON. REFERENDIS. ELOQUIO. NON. MEMORANDIS. SINE. LUCTU.

CONJUX. INCOMPARABILIS. PARENS. OPTIMUS. FRATER. AMANTISSIMUS.

ET. ANIMA. ET. FRONTE. IMPERTERRITUS. AD. ULTIMUM. USQUE. ALITUM. FIDENS. REGUM. REGI.

MORTEM. PROSPECTAT. IRRETORTO. VULTU.

FORTITUDINIS. ADMIRANDÆ. INSIGNE. EXEMPLUM.

CŒVIS. POSTERIS.

REX. MAGNUS. ET. INFELIX.

SALVE. ÆTERNUMQUE. VALE. O. NEPOS. LUDOVICI. SANCTI.

ATAVO. REGI. PAR. SCANDE. SIDERA. IN. CÆLESTI. REGNO. RECEPTURE.

MERITAM. PUGNÆ. CORONAM.

MARIA. ADELAIDES. CLOTHILDA. XAVERIA. BORBONIA.

LUDOVICI. XVI. GERMANA.

SARDINIÆ. REGINA.

CUJUS. SANCTISSIMA. PIETAS. INGENII. DEXTERITAS. CONSILII. PROBITAS. MORUM. SUAVITAS.

UTRA. VOTUM. STETERUNT.

ALIORUM. AMANTIOR. QUAM. SUI.

EMENSIS. UTRIUSQUE. FORTUNÆ. SPATIIS.

ADVENTANTI. FATO.

INIMITABILI. ANIMI. ROBORE. OBVIAM. PROCESSIT.

REGNO. ITALISQUE. ORIS.

CHRISTIANARUM. VIRTUTUM. SPECIMEN. EXTRA. ETIAM. ADMIRATIONE. PRÆBENS.

PRÆPROPERO. MORBO. RAPTA.

SUIS. OMNIBUS. EXANIMATIS.

ÆTERNUM. VICTURA. PLACIDISSIME. OBIIT.

NEAPOLI. NONIS. MARTII. MDCCCII.

ÆTATIS. SUÆ. XLII. MENSIBUS. V. DIEBUS. XII.

REX. CAROLUS. EMMANUEL. IV.

PIISSIMUS. CONJUX. LUCTU. CONCISUS.

DIMIDIO. SUI.

CURARUM. LEVAMINE. ORBATUS.

AD. UXORIAS. CINES. HIC. QUIESCENTES.

M.   P.